BEI GRIN MACHT SICH IHR WISSEN BEZAHLT

- Wir veröffentlichen Ihre Hausarbeit, Bachelor- und Masterarbeit

- Ihr eigenes eBook und Buch - weltweit in allen wichtigen Shops

- Verdienen Sie an jedem Verkauf

Jetzt bei www.GRIN.com hochladen und kostenlos publizieren

Sabine Neureiter

Der Pharos von Alexandria. Vom Wegweiser zum Weltwunder

GRIN Verlag

Bibliografische Information der Deutschen Nationalbibliothek:

Die Deutsche Bibliothek verzeichnet diese Publikation in der Deutschen National-
bibliografie; detaillierte bibliografische Daten sind im Internet über http://dnb.d-
nb.de/ abrufbar.

Impressum:

Copyright © 2009 GRIN Verlag GmbH
Druck und Bindung: Books on Demand GmbH, Norderstedt Germany
ISBN: 978-3-656-50570-9

GRIN - Your knowledge has value

Der GRIN Verlag publiziert seit 1998 wissenschaftliche Arbeiten von Studenten, Hochschullehrern und anderen Akademikern als eBook und gedrucktes Buch. Die Verlagswebsite www.grin.com ist die ideale Plattform zur Veröffentlichung von Hausarbeiten, Abschlussarbeiten, wissenschaftlichen Aufsätzen, Dissertationen und Fachbüchern.

Besuchen Sie uns im Internet:

http://www.grin.com/

http://www.facebook.com/grincom

http://www.twitter.com/grin_com

Der Pharos von Alexandria.
Vom Wegweiser zum Weltwunder

Erstmals publiziert in:
Kemet - Die Zeitschrift für Ägyptenfreunde,
Geniale Baumeister und ihre Werke,
Bd. 2, 2009, Kemet Verlag, Berlin, 44ff
(www.kemet.de)

von

Sabine Neureiter, M.A.

Vorwort

Bei meinen Kemet-Artikeln handelt es sich um Texte, in denen ich versuche auf wenigen Seiten viele Informationen zu liefern. Der inhaltliche Rahmen ergibt sich aus dem Titel-Thema der jeweiligen Kemet-Ausgabe. Alle Artikel in den Kemet-Magazinen sind bebildert; die Fotos ergänzen die Texte.

Mir war bei jedem einzelnen Artikel wichtig, nicht lediglich schon bekannte und überall nachzulesende Informationen zusammenzustellen und nachzuerzählen. Ich betrachte alle Themen aus einer über den Tellerrand der Ägyptologie hinausgehenden Perspektive und stelle oftmals Thesen in den Raum, die eine Diskussion anstoßen sollen. Es handelt sich dabei aber immer um begründete und nicht aus der Luft gegriffenen Überlegungen.

Für viele meiner Artikel bilden ethnologische, soziologische oder religionswissenschaftliche Ansätze den Rahmen, um alternative Sichtweisen zu ermöglichen. Dabei gehe ich durchaus – aus ägyptologischer Sicht – etwas provokativ an ein Thema heran. Aber immer nur mit dem Ziel, neue oder unbekanntere Aspekte darzustellen.

Um altbekannter Kritik von vornherein entgegenzutreten: Grundsätzlich ist ein über räumliche und zeitliche Grenzen hinwegreichender Kulturvergleich ebenso statthaft wie ein sich ausschließlich an die Originalquellen haltender Versuch, Erkenntnisse über die altägyptische Kultur zu gewinnen. Das Argument, es handle sich bei dem einen um eine anachronistische und bei dem anderen um die einzig akzeptable Vorgehensweise, greift nicht. Denn schließlich findet auch das sprachwissenschaftlich fundierte Interpretieren einer altägyptischen Originalquelle alles andere als zeitnah zu ihrer Entstehung statt. Und eine Quelle aus der ägyptischen Spätzeit ist immerhin auch schon zweitausend Jahre jünger als etwa eine aus der Pyramidenzeit, so dass die Interpretationsergebnisse der jüngeren Quelle als anachronistisch bewertet und zum Verständnis der älteren nicht herangezogen werden dürften, wollte man dieser Argumentation folgen.

Nicht nur der Kulturvergleich, sondern gerade auch der interdisziplinäre Ansatz erweitert unseren Verstehenshorizont. Dann finden sich Antworten auf Fragen, die sich aus ägyptologischer Sicht nie stellen würden und werfen Licht auf unbeachtete oder unbekannte kulturelle Phänomene. Auch scheinbar wissenschaftlich längst bearbeitete Bereiche müssen immer wieder auf den Prüfstand; allein, weil jedem Wissenschaftler und jeder Wissenschaftlerin eine subjektive Sichtweise zueigen ist und jeder Versuch, Subjektivität aus der Arbeit auszuschließen und reine Objektivität walten zu lassen, niemals gelingen kann.

Letztendlich kann es immer nur darum gehen, ein weiteres kleines Fenster zum Verständnis der altägyptischen Kultur aufzustoßen.

Der Pharos von Alexandria.
Vom Wegweiser zum Weltwunder

Einleitung

Heute wird der um 280 v. Chr. vollendete Leuchtturm von Alexandria, der Pharos, ganz selbstverständlich zu den Weltwundern der Antike gezählt. In der ersten vollständig erhaltenen Liste der Sieben Weltwunder, die aus der Hand des Dichters Antipatros von Sidon aus dem späten 2. Jhd. v. Chr. stammt, wird der Leuchtturm von Alexandria aber nicht aufgeführt. Der Reihenfolge nach enthält sie folgende Weltwunder: Die Mauern von Babylon, die Zeus-Statue von Olympia, die Hängenden Gärten von Babylon, den Koloss des Helios von Rhodos, die Pyramiden von Ägypten, das Mausoleum von Halikarnass und den Tempel der Artemis von Ephesos. Die erste Erwähnung des Pharos in einer Weltwunderliste findet sich erst bei dem römischen Historiker Gaius Plinius Secundus dem Älteren, der im Jahr 79 n. Chr. beim Ausbruch des Vesuvs ums Leben kam. Die von ihm verfasste Liste lautet folgendermaßen: Die Pyramiden von Ägypten, der Pharos von Alexandria, das Labyrinth von Ägypten, die Hängenden Gärten von Babylon, die Stadt Theben in Ägypten, der Tempel der Artemis von Ephesos und der Tempel des Zeus von Kyzikos.

In der Antike war die Sieben eine magische Zahl mit immenser Symbolkraft. Aus diesem Grund wurde die Liste der Sieben Weltwunder nicht einfach um neue Bauwerke erweitert. Ursprünglich aufgeführte Weltwunder mussten neuen weichen, um die Zahl Sieben nicht zu überschreiten. Es wurde allenfalls ein alles übertreffendes achtes Weltwunder hinzugefügt, bei Plinius ist das die Stadt Rom. Es stand also nicht fest, was man zu den Sieben Weltwundern zu zählen hatte. Die kanonisierte Liste wie wir sie heute kennen, mit dem Pharos als eines der Sieben Weltwunder, gibt es erst seit der Renaissance.[1]

Alexandria

Das von Alexander dem Großen 331 v. Chr. gegründete Alexandria erlebte unter seinem Statthalter Kleomenes von Naukratis und den ihm nachfolgenden Ptolemäern eine unglaubliche Blüte. Der Satrap und spätere König von Ägypten Ptolemaios I. Soter und dessen Sohn Ptolemaios II. Philadelphos bauten die Stadt innerhalb weniger Jahrzehnte zur kulturell und technisch fortschrittlichsten Stadt der damals bekannten Welt aus, etwa durch die Einrichtung der größten Bibliothek der damaligen Zeit oder mit der Errichtung des welthöchsten Turms, des Pharos. Die Stadt und ihre Bauwerke dienten der Propaganda des ptolemäischen Königshauses, das damit seine kulturelle, materielle und technische Überlegenheit demonstrierte.[2]

---

[1] Zu den Listen s. Kai Brodersen, Die sieben Weltwunder, 1996

[2] S. Alan B. Lloyd, in: The Oxford History of Ancient Egypt, 2003, 399; s.a. Jean-Yves Empereur, Alexandria. Jewel of Egypt, 2002, 36

Der auf der Alexandria vorgelagerten Insel Pharos errichtete und nach ihr benannte Leuchtturm war eines der ersten und zugleich das spektakulärste der neuen Bauwerke. Ein bautechnisches Meisterwerk, das auf der ganzen Welt kein architektonisches Vorbild hatte und den Prototypen eines Leuchtturms an sich darstellte. Über eineinhalb Jahrtausende war der Leuchtturm von Alexandria der höchste Turm der Welt und ist bis heute der höchste je errichtete Leuchtturm überhaupt. Nicht umsonst wurde in vielen Sprachen für den Begriff Leuchtturm auf die Bezeichnung Pharos zurückgegriffen (spanisch und italienisch faro, portugiesisch farol, französisch phare, neugriechisch pharos). Aus ihm heraus hat sich außerdem das Minarett entwickelt. Manarah ist das arabische Wort für einen erhöhten Platz, wo Feuer und Licht ist. Damit ist im Prinzip jeder Wach- und Leuchtturm gemeint. Entsprechend wurde der Pharos von den Arabern el-Manarah genannt und nach ihm nannten sie den Turm einer Moschee, das Minarett, Manarah.[3]

Der Bau des Heptastadions bildete vermutlich die Grundlage für den Aufstieg Alexandrias zur größten Handelsmetropole der hellenistischen Welt. Das Heptastadion wurde von dem Architekten Dexiphanes von Knidos gebaut. Es war ein etwa 1,3 km langer Damm, der die Stadt mit der Insel Pharos verband und auf diese Weise zwei geschützte Häfen entstehen ließ: den westlichen Eunostos-Hafen und den östlichen Großen Hafen, der im Westen nun vom Heptastadion und im Osten von einer Landzunge – Kap Lochias – begrenzt war.

Die Einfahrt in den Großen Hafen war schwierig. Es gab Riffe, die nur erfahrene Seeleute erkennen und umsegeln konnten. Zudem war der Hafen von Alexandria bei schlechter Sicht aus der Ferne kaum auszumachen – es gab keine Landmarken. Dass es öfter zum Schiffbruch gekommen sein musste, beweist alleine die spätere Bezeichnung Piratenhafen, für eine zum offenen Meer hin gelegenen Bucht der Insel Pharos.[4] Es kann zudem vermutet werden, dass Schiffe mit optischen oder akustischen Signalen absichtsvoll auf einen falschen Kurs gebracht wurden, so dass sie, nachdem sie auf Grund gelaufen waren, geplündert werden konnten. Eine Taktik von Insel- und Küstenbewohnern, die weltweit z.T. heute noch praktiziert wird. Der Bau eines Leuchtturms musste also höchste Priorität gehabt haben.

Der Leuchtturm

Ein sich östlich vor der Insel Pharos befindliche Riff war für den Schiffsverkehr bei der Einfahrt in den Großen Hafen eine Gefahr, die man aus Welt schaffte, indem man das Riff einfach als Basis für den Leuchtturm verwendete. Erreicht wurde der Turm trockenen Fußes über eine Brücke, die die Insel mit dem ehemaligen Riff verband. Es ist anzunehmen, dass es aus logistischen Gründen überhaupt erst nach der Fertigstellung des Heptastadions möglich war mit dem Bau des Leuchtturms zu beginnen. Über die Bauzeit des Leuchtturms, sein Aussehen, die Maße und sogar über seinen Architekten können nur Vermutungen angestellt werden. Es gibt zwar einige antike Quellen, in denen der Pharos erwähnt wird. Genauere Daten finden sich aber erst in den Berichten arabischer Reisender und Gelehrter aus dem Mittelalter, stammen also aus einer Zeit als der Leuchtturm schon hunderte von Jahre alt und

---

[3] S. Werner Ekschmitt, Die Sieben Weltwunder, 1996 196

[4] S. die Karte bei Justin Pollard/Howard Reid, The Rise and Fall of Alexandria, 2007, 291

schon einige Male restauriert war. Eine sehr detaillierte und glaubwürdige Beschreibung lieferte der arabische Gelehrte Jusuf Ibn es-Sheich, der 1165 n. Chr. Alexandria besuchte und sorgfältige Vermessungen des Turms vornahm. Daneben gibt es aus hellenistischer, römischer und frühchristlicher Zeit ikonografische Quellen, die – obwohl die Darstellungen oftmals voneinander abweichen – zur Rekonstruktion des Pharos herangezogen werden können. Es sind vor allem Abbildungen auf Münzen, Sarkophagen, Mosaiken, Bleisiegeln und Terrakotten.

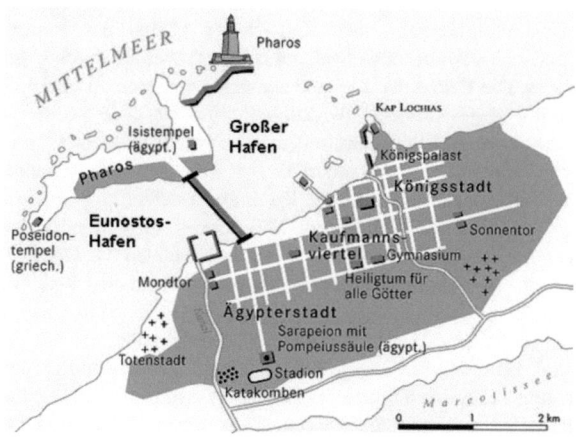

Der Pharos vor dem Großen Hafen

Die Bauzeit des Leuchtturms betrug etwa 20 Jahre und dauerte vermutlich von 299 bis 279 v. Chr. Der Bau wurde also unter Ptolemaios I. Soter begonnen und unter Ptolemaios II. Philadelphos beendet. Der Dichter Poseidippos verfasste schon bald nach der Einweihung des Pharos folgendes Epigramm: „Proteus! Meergott! Für Griechen zur Rettung erbaute des Pharos Warte Dexiphanes' Sohn, Sostratos, knidosgeborn. Gab's in Ägypten ja Warten so wenig wie Felsspitzen-Inseln, sondern als Schiffslandeplatz Molen, gebreitet nur flach. Darum zeigt sich bei Tag nun, aus weiter Ferne der Turm schon, welcher gerade und steil ragt in den Äther hinauf. Doch auch der Schiffer, der ganznächtig fährt auf den Wogen des Meeres, kann an der Turmspitze seh'n, mächtig ein Feuer in Glut. Und, wenn der hier Segelnde nimmt dieses ‚Stierhorn' als Richtpunkt, fährt er nimmermehr fehl, Sohn des rettenden Zeus!".[5]

Der Turm war dreistufig angelegt, aus weißem Kalkstein gebaut und teilweise mit weißem Marmor verkleidet. Uneinig sind sich die Wissenschaftler über seine Höhe. Zumeist ist die Rede von 120 bis 140 m, was in etwa einem vierzigstöckigen Hochhaus entspricht. Zunächst wurden wohl Wellenbrecher angelegt, die das Riff schützten und die Bauarbeiten ermöglichten. Dann wurde ein etwa 14 m hohes und 340 m langes, terrassenartiges Fundament aus rotem Assuangranit angelegt, auf dem der Turm errichtet werden konnte. An

[5] Übersetzung nach Theodor Dombart, Die Sieben Weltwunder des Altertums, 1967, 81

den Ecken dieser Plattform befanden sich Wehrtürme. Der Eingang des Leuchtturms, zu dem eine rampenartige Treppe führte, lag recht hoch. Vermutlich standen rechts und links der Eingangsrampe Kolossalstatuen des ersten ptolemäischen Herrscherpaares. Die erste Stufe des Turms hatte einen quadratischen Grundriss mit einer Seitenlänge von etwa 30 m und war etwas über 70 m hoch. Die zweite Stufe war achteckig, hatte eine Seitenlänge von 11 m und war etwa 35 m hoch. Die dritte Stufe, die sog. Laterne, war ein Säulenrondell, etwa 9 m hoch und hatte ein kegelförmiges Dach, auf dem vermutlich eine Spiegelanlage installiert war. Darüber befand sich eine etwa 8 m große, vergoldete Kolossalfigur des Poseidon oder – auch darin gibt es Unstimmigkeiten – des Zeus Soter (Zeus, der Retter).[6] Die jeweils zurücktretenden und sich verjüngenden Stufen des Turms wurden durch begehbare Umgänge voneinander getrennt. Die Ecken der Terrasse zwischen den unteren beiden Turmabschnitten waren mit sog. Tritonen geschmückt, in Muschelhörner blasende Statuen des griechischen Meeresgottes Triton, Sohn des Poseidon, mit menschlichem Oberkörper und fischförmigem Unterkörper. Der Bevölkerung Alexandrias war es vermutlich möglich, wie auch Jahrhunderte später noch im Mittelalter, den Turm zu besteigen und auf der ersten Terrasse die Aussicht zu genießen.[7] Eine faszinierende Möglichkeit, die sich nirgendwo sonst auf der Welt bot. Bis dahin konnte man nur von natürlichen Erhebungen wie Hügel, Berge und Kliffe aus in die Ferne sehen, nicht aber von einem von Menschenhand errichteten Bauwerk.

Unten im Turm gab es eine große Zisterne mit Trinkwasser für die Arbeiter und das Leuchtturmpersonal. Eine Wasserleitung, die von einem Nilkanal, durch die Stadt und über das Heptastadion zum Leuchtturm führte, speiste das Wasserreservoir. Darüber erhob sich der Turm, in dessen Inneren eine breite Rampe zur ersten Terrasse hinaufführte. Diese Transportschräge war so breit, dass zwei Lasttiere nebeneinander her gehen konnten. Links und rechts der Rampe befanden sich Lagerräume und Aufenthaltsräume für die Bedienungs- und der Wachmannschaften. Der Pharos war nicht nur ein Leuchtturm, sondern diente auch der Küsten- und Hafenüberwachung. Die Außenräume hatten Fenster, so dass der Turm einem modernen Wolkenkratzer wohl nicht ganz unähnlich sah. Ein Innenschacht führte von unten bis nach ganz oben. Der Schacht trug die Last der Turmabschnitte durch Gewölbe, die ihn in mehrere Geschosse unterteilten. In den Gewölbescheiteln war jeweils eine Öffnung, durch die mittels eines Seilaufzugs Material hochgezogen werden konnte. Im zweiten und dritten Turmabschnitt führte eine Treppe nach oben.

Es ist immer wieder zu lesen, dass der Pharos ursprünglich nur als Tagzeichen gedacht war. Dies bestätigen zumindest indirekt die Quellen, denn sie berichten zunächst nicht über eine Nachttätigkeit, so dass angenommen werden kann, dass der Pharos erst relativ spät als Nachtzeichen diente. Tagsüber signalisierte der Turm durch seine Höhe an sich, mittels Rauchzeichen, aber auch durch von Hohlspiegeln aus polierter Bronze reflektiertes Sonnenlicht den Schiffen auf See den Eingang zum Großen Hafen von Alexandria. Erst der schon eingangs erwähnte Plinius schreibt: „Der Nutzen des Turms besteht darin, bei nächtlichen Schiffsbewegungen Feuer zu zeigen, um Untiefen und den Hafeneingang markieren; solche Feuer brennen schon an mehreren Orten, etwa in Ostia und Ravenna. Im ununterbrochenen Feuerschein liegt die Gefahr, dass man ihn für einen Stern halten könnte,

---

[6] Vielleicht gab es zu verschiedenen Zeiten Statuen verschiedener Götter; s. Birgit Gerisch, Der Pharos von Alexandria, in: Kemet 1, 1998, 34

[7] S. Pollard/Reid, The Rise and Fall of Alexandria, 92

denn aus der Entfernung sehen die Flammen so ähnlich aus".[8] Ein kontinuierlich brennendes und flackerndes Feuer war nicht als künstliches Licht zu erkennen und konnte durchaus für einen Stern gehalten werden. Dieser Gefahr ist man sich auch heute noch bewusst. Denn um einer solchen Verwechslung vorzubeugen, blinken moderne Leuchttürme in einem ganz bestimmten Rhythmus.

Dass der Pharos zunächst als Tagzeichen gedacht war, ist durchaus möglich, weil in der Antike das Segeln in der Nacht unüblich war. Außerdem ist der logistische Aufwand für eines über die Nacht hindurch zu erhaltenden Feuers nicht zu unterschätzen. Bis heute rätselt man darüber, welches Brennmaterial verwendet wurde, in einem Land, in dem kaum Bäume wuchsen. Man vermutet neben Holz und Reisig auch Harz, Petroleum oder Tierdung. Es müssen aber große Mengen verbrannt worden sein, wenn das Feuer tatsächlich jede Nacht hindurch brannte. Es ist auch nicht klar, wo das Feuer entfacht wurde, damit es nicht dem Seewind und den Winterregen ausgesetzt war. Es musste groß genug sein, um als Signal dienen zu können, andererseits hätte eine zu große Hitze den Kalkstein zum Bersten bringen können, je nachdem, wo die Feuerstelle eingerichtet war.

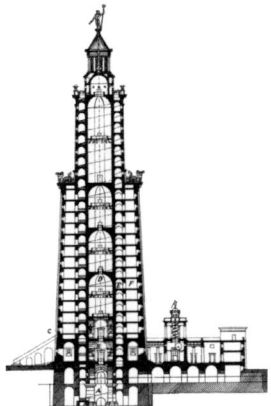

Schnitt durch den Pharos nach Hermann Thiersch
(Pharos, Antike Islam und Occident – Ein Beitrag zur Architekturgeschichte, 1909)

Über eintausend Jahre lang stand der Pharos nahezu unversehrt. Das lag vor allem an dem Fugenmaterial zwischen den schweren Steinblöcken, mit denen er gebaut war. Die Blöcke waren mit Blei verbunden, was für eine gewisse Elastizität des Turms sorgte. Erst lange nach der Eroberung Ägyptens durch die Araber beschädigte ein Erdbeben 796 n. Chr. den Pharos schwer und brachte die beiden oberen Stufen zum Einsturz. Der Sultan Ibn Tulun ließ sie aus gebrannten Ziegeln wieder aufbauen, errichtete aber statt der Laterne eine kleine Moschee. 956 wurde diese Konstruktion durch ein weiteres schweres Erdbeben vernichtet. Anfang des 11. Jahrhunderts erfolgte ein Wiederaufbau, so dass der Leuchtturm sich im Jahr 1050 nachweislich in einem guten Zustand befand. Der Araber el-Idrisi berichtet, dass der Pharos

---

[8] Übersetzung s. Kai Brodersen, Reiseführer zu den Sieben Weltwundern, 1992, 81

noch im Jahr 1153 Leuchtzeichen aussandte. Zu Beginn des 14. Jahrhunderts, in den Jahren 1303 und 1323, wurde der Pharos aber endgültig durch zwei schwere Erdbeben zerstört. Schon im Jahr 1326 und noch einmal im Jahr 1349 besuchte der arabische Reisende Ibn Battuda Alexandria und berichtete, dass der Pharos nur noch eine nicht mehr betretbare Ruine war. Er wurde nicht mehr aufgebaut und die Trümmer blieben im Meer liegen. Seine letzten Überreste verschwanden 1480, als auf ihnen auf Befehl des Sultans Kait Bey das heute noch bestehende und nach ihm benannte Kastell erbaut wurde.

Der Architekt

Sostratos von Knidos gilt gemeinhin als der Architekt des Pharos. Er wurde in der 2. Hälfte des 4. Jhd. v. Chr. geboren und starb im 3. Jhd. v. Chr. Seine genauen Lebensdaten sind nicht bekannt. Er war der Sohn des Dexiphanes von Knidos, dem Erbauer des Heptastadions. Hermann Thiersch meint allerdings, dass Dexiphanes gar kein Baumeister war: „… man hat diesen Beruf für ihn in später Zeit nur aus der Turminschrift am Pharos herausgelesen, um ihn selbst irgendwie mit den großen Hafenbauten von Alexandria in Verbindung zu bringen".[9]

Es ist immer wieder zu lesen, dass Sostratos lediglich der Stifter des Leuchtturms, der Architekt des Turms aber ein ganz anderer war. Günter Grimm z.B. schreibt, dass Sostratos, „den wir uns vielleicht eher als einflußreichen und mächtigen Hofbeamten denn als Architekten vorstellen müssen, den Leuchtturm (eines unbekannten Architekten) gestiftet und geweiht hat".[10] Auch Alan K. Bowman[11] und Peter Clayton[12] meinen, Sostratos sei der Stifter gewesen. Denn in griechisch-römischer Zeit war es durchaus üblich, dass Privatpersonen Profanbauten stifteten und ihre Namen genannt wurden. In einem solchen Falle wäre auch das Fehlen des Königsnamen nicht ungewöhnlich. Deshalb kann es sich bei Sostratos, so die Argumentation, nur um den Stifter des Leuchtturms gehandelt haben. Günther Hölbl wiederum hält Sostratos eher für den Architekten. Die Baukosten des Pharos betrugen 800 Talente, was 20800 kg Silber entsprach.[13] Ein Betrag, von dem viele heutige Autoren offensichtlich meinen, ein reicher Bürger hätte ihn aufbringen können. Zum Vergleich: Die Staatseinnahmen unter Ptolemaios II. Philadelphos betrugen jährlich etwa 14800 Talente.[14] Dagegen hält es Werner Ekschmitt für unwahrscheinlich, dass Sostratos den „ungeheuren Aufwand" von 800 Talenten hätte aufbringen können und schreibt: „So möchte man doch Sostratos eher für den Architekten halten, zumal ihm später noch weitere Bauwerke und technische Meisterleistungen in Ägypten und Knidos zugeschrieben werden".[15]

Sostratos von Knidos könnte auch beides gewesen sein, Stifter und Architekt. Er stammte aus einer wohlhabenden Familie, hatte als Freund des ptolemäischen Königshauses großen

---

[9] Hermann Thiersch, in: Allgemeines Lexikon der bildenden Künstler, 1913, Bd. 9, 197

[10] Günter Grimm, Alexandria, 1998, 45

[11] Alan K. Bowman, Egypt after the Pharaohs, 1986, 206

[12] Peter Clayton, in: Peter Clayton/Martin Price, Die Sieben Weltwunder, 1990, 189

[13] Günther Hölbl, Geschichte des Ptolemäerreiches, 1994, 66

[14] S. Bowman, Egypt after the Pharaohs, 93

[15] Werner Ekschmitt, Die Sieben Weltwunder, 1996 189f

Einfluss und war sogar erfolgreich als Vermittler diplomatisch tätig.[16] Antike Quellen beschreiben ihn als eigenständigen und weithin bekannten Architekten und Stifter von Profanbauten. In Knidos baute er eine mehrgeschossige Wandelhalle mit begehbarem Dachgarten und in Delphi errichtete er ein Versammlungshaus. In Ägypten war er im Zuge der Auseinandersetzungen um die ptolemäische Alleinherrschaft verantwortlich für den Bau von Ableitungskanälen des Hauptnilkanals bei Memphis, so dass die Stadt ohne Belagerung eingenommen werden konnte. Betrachtet man allerdings die Wichtigkeit Alexandrias und seiner Bauwerke als Beweis der Überlegenheit Ptolemaios I. Soter über alle ehemaligen Mitstreiter Alexanders und somit als Rechtfertigung seiner königlichen Alleinherrschaft über Ägypten, dann ist die Wahrscheinlichkeit groß, dass er den Bau des Pharos in Auftrag gab und finanzierte. Vielleicht stammte die Idee nicht von ihm, sondern von Sostratos oder dessen Vater Dexiphanes. Es ist aber unwahrscheinlich, dass der König ein solch prestigeträchtiges Projekt von den finanziellen Mitteln eines Bürgers abhängig gemacht hätte. Insofern ist es sehr wahrscheinlich, dass Sostratos doch der ausführende Architekt und nicht der Stifter des Pharos war.

Strabon überliefert um die Jahrtausendwende eine Version der Weihinschrift, die Sostratos am Pharos anbringen ließ: „Diesen [den] Turm errichtete der Knidier Sostratos, ein Freund der Könige, zur Rettung der Schiffenden, wie die Inschrift besagt". Weit über hundert Jahre später gibt Lukian von Samosata die Inschrift in etwas anderer Form wieder: „Sostratos, der Knidier, des Dexiphanes Sohn, den rettenden Göttern zum Besten der Schiffenden".[17] Nach Lukian hat Ptolemaios II. Philadelphos Sostratos verboten, seinen Namen auf dem Leuchtturm zu hinterlassen. Stattdessen sollte die Inschrift den Vater des Königs, Ptolemaios I. Soter ehren. Sostratos umging diese Anweisung, so Lukian, indem er den Text mit seinem Namen in riesigen Buchstaben seeseitig in den Unterbau des Turms einmeißeln und mit Blei ausgießen ließ. Danach hätte er dann auf eine darüber aufgetragenen Mörtelschicht die offizielle Inschrift mit der Erwähnung Ptolemaios I. Soter anbringen lassen. Wohl wissend, dass diese Schicht im Laufe der Zeit abfallen würde. Die überlieferten Versionen der Inschrift sagen nicht aus, ob Sostratos den Turm baute oder stiftete. Sie lassen außerdem offen, wem zu Ehren der Leuchtturm errichtet wurde. Mit den rettenden Göttern könnten das Herrscherpaar Ptolemaios I. Soter und seine Gemahlin gemeint sein. Möglich wäre auch, dass der Turm Zeus Soter geweiht war, dessen Statue – vermutlich – den Pharos bekrönte. Oder aber den Dioskuren, den Zwillingssöhnen des Zeus, Kastor und Polydeukes (lat. Castor und Pollux), die Schutzgötter der in Not geratenen Seefahrer. Der arabische Historiker el-Masudi konnte noch im 10. Jhd. n. Chr. Überreste dieser Inschrift erkennen, mit Buchstaben, die eine Elle (ca. 45 cm) groß waren.

---

[16] S. Wolfgang Müller, in: Künstlerlexikon der Antike, 2007, 850f; s.a. Christian Habicht, in: Zeitschrift für Papyrologie und Epigraphik 77, 1989, 93, Anm. 9

[17] Übersetzungen nach Clayton, Weltwunder, 189

Die Legenden um den Pharos

Um den Pharos haben sich im Laufe der Jahrhunderte viele Legenden gebildet. So berichtete z.B. der oben schon erwähnte Historiker el-Masudi, dass aus den Muschelhörner der Tritonen geheimnisvolle und fremdartige Klänge entströmten: „Einer soll, wenn vom Meer her Feinde nahten, schreckliche Töne ausgestoßen, ein anderer die Stunden akustisch angezeigt haben. Vielleicht waren die Instrumente der Tritonen wie Äolsharfen konstruiert, deren Saiten beim Durchstreifen des Windes ertönten; vielleicht waren es Wasserorgeln, die Ktesibios, ein zur Zeit des Pharosbaues in Alexandria lebender Mechaniker, erfunden hat".[18] Josephus Flavius berichtet, dass das Feuer 54 km weit sichtbar war, Lukian spricht dagegen von fantastischen 465 km. Epiphanes wiederum meinte, dass der Turm 559 m hoch war. Spätantike und arabische Autoren berichten, das Fundament des Leuchtturms sei aus vier kolossalen gläsernen Krebsen gebildet gewesen. Diese Behauptung war vermutlich auch ein Grund dafür, weshalb der Pharos in den mittelalterlichen Weltwunderlisten auftauchte. Sie galten damals als das eigentliche Wunder. So schreibt Ps.-Beda Venerabilis (672-735) in seinem Werk „Über die Sieben Wunder dieser Welt": „Der zweite ist der alexandrinische Pharos, der auf vier gläsernen Krebsen zwanzig Fuß unter dem Meer aufgebaut ist. Auf welche Weise die so großen Krebse gegossen sind, oder wie man sie ins Meer gebracht hat, ohne sie zu zerbrechen, wie man die Fundamente aus Zement über ihnen anbringen konnte und wie der Zement unter Wasser hart werden konnte, warum nun die Krebse nicht zerbrechen oder warum das Fundament oben nicht abgleitet, das alles ist ein großes Wunder, und wie es gemacht wurde, ist schwer zu verstehen".[19]

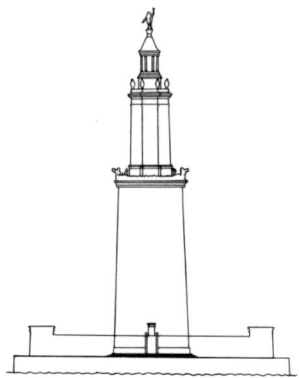

Pharos nach Don Miguel de Asin/Don M. Lopez Otero
(The Pharos of Alexandria: summary of an essay in Spanish, 1933)

---

[18] Maria Dawid, Weltwunder der Antike, 1968, 57

[19] Übersetzung s. Brodersen, Reiseführer, 117

Vermutlich befand sich über der Laterne ein nach den Plänen von Archimedes hergestellter Metallhohlspiegel, der bei Nacht die Leuchtkraft des Feuers verstärkte und am Tage die des Sonnenlichts bündelte. Einige arabische Autoren behaupten, mit Hilfe der Spiegel habe man feindliche Schiffe in Brand setzen und bis nach Konstantinopel blicken können. Günter Grimm hält diese Legenden für „eindrucksvolle Reflexe der Bewunderung, die man diesem architektonisch und physikalisch ausgefeilten Weltwunder zollte".[20] Maria Dawid hingegen meint, diese „phantastischen Erzählungen" gingen auf das Wissen der Araber um die technischen Errungenschaften der Gelehrten zurück, die in Alexandria wirkten.[21] Auf jeden Fall gibt es auch um Archimedes die Legende, dass er im Zweiten Punischen Krieg von Syrakus aus mit Hilfe seiner Spiegel römische Schiffe in Brand gesetzt habe. Die Wahrscheinlichkeit ist groß, dass sich hier zwei – späte – Legenden überlagern. Und beide gehören in das Reich der Fabeln.

Unterwasserarchäologie

Ende 1994 ließ der archäologische Leiter des französischen Centre d'Études Alexandrines (CEA) Jean-Yves Empereur der internationalen Presse mitteilen, er und sein Team von etwa dreißig französischen und ägyptischen Tauchern hätten auf dem Meeresgrund Überreste des Leuchtturms von Alexandria entdeckt.[22] Diese Meldung ging um die Welt, löste unter Archäologen und Ägyptologen aber eher Skepsis denn Begeisterung aus. Wie sollten unbeschriftete Steinblöcke dem Pharos oder irgendeinem anderen Bauwerk sicher zugeordnet werden können? Nicht nur der Pharos wurde durch Erdbeben zerstört und vom Meer verschluckt. Auch die Stadtbereiche, die um den Großen Hafen herum angelegt waren, wie z.B. die Gebäude des königlichen Palastareals auf der Halbinsel Kap Lochias mit den Hafenanlagen der königlichen Familie und der Kriegsmarine, sind im Laufe der Jahrhunderte abgesunken und vom Wasser überspült worden. Welche der 1994 bis 1995 alleine von Jean-Yves Empereur und seinem Team georteten 3000 Steinblöcke gehören zu welchen Tempeln, Palastgebäuden, Hafenbecken und Werften? Es ist nahezu unmöglich diese Blöcke einzelnen Bauwerken zuzuordnen. Dass während der gesamten Ptolemäerzeit hindurch Statuen, Stelen, Sphingen, Obeliske und Bauelemente von älteren Gebäuden aus anderen ägyptischen Orten nach Alexandria gebracht wurden, erschwert eine Zuordnung in ungeahntem Maße. Das meiste davon stammt aus der Ramessiden- und aus der Saitenzeit. Einiges wurde aus dem Niltal, aus Heliopolis, Memphis und Theben herangeschafft. Vieles kam aus dem Delta, aus Sais und Pi-Ramesse.

1995 konnte Jean-Yves Empereur östlich vor der Insel Pharos eine 70 t schwere und 13 m hohe Kolossalstatue aus rotem Granit eines ptolemäischen Königs aus dem Meer bergen. Er

---

[20] Grimm, Alexandria, 45

[21] Dawid, Weltwunder, 57

[22] Der Unterwasserarchäologe Franck Goddio (Ägyptens versunkene Schätze, 2006, 84) meinte zwölf Jahre später über den Pharos und seine Trümmer, die sich auf dem Meeresboden finden lassen müssten: „Heute existiert kein sichtbares Überbleibsel dieses glanzvollen, von seinen Zeitgenossen bewunderten Bauwerks mehr". Diese Aussage muss aber kritisch gesehen werden, denn aus seiner ehemaligen Zusammenarbeit mit Jean-Yves Empereur wurde eine Rivalität. Empereur sucht die Überreste des Pharos, Goddio die des Palastes der Kleopatra. Es geht für beide um dringend benötigte Sponsorengelder für weitere Arbeiten, so dass keine Schlagzeile über ihre Unterwasserfunde sensationell genug sein kann.

vermutet, es handle sich um die Statue Ptolemaios I. Soter, die zusammen mit der seiner Gemahlin Berenike I. in Gestalt der Isis Pharia rechts und links vor der Rampe stand, die zum Eingang des Pharos führte.[23] Ein ägyptisches Taucherteam barg schon 1963 eine 10 m hohe Kolossalstatue der Isis Pharia vom Meeresgrund. Einen Beweis dafür, dass die geborgenen Statuen zum Pharos gehören, konnte Empereur allerdings nicht erbringen. Michael Pfrommer meint zu den Ergebnissen Empereurs: „So sensationell diese Funde auch sind, sie werfen leider im Augenblick noch mehr Probleme auf, als man denken sollte. So entstand der Pharos in der Frühzeit des ptolemäischen Hauses und wir wissen, dass sich die ersten Ptolemäer weit mehr als Makedonen bzw. Griechen denn als ägyptische Pharaonen begriffen... Bei einem unter Ptolemaios I. entstandenen Bau sollte man deshalb in jedem Fall griechische Bauelemente erwarten. Doch was Jean-Yves Empereur und seine Mitarbeiter der See entrissen, waren keine griechischen Architekturelemente frühhellenistischer Zeit. Im Gegenteil, die geborgenen Artefakte gehören Perioden an, die mit der Konstruktion des Pharos so gut wie nichts zu tun haben".[24]

Schluss

Die Basis aus rotem Granit, der Turm ganz weiß. Alle Statuen, auch die Kolossalstatue auf der Spitze des Turms vergoldet. Der Leuchtturm von Alexandria mit einer Höhe, wie sie tausend Jahre lang mit keinem anderen Turmbau erreicht wurde, musste einen unglaublichen Eindruck auf die Menschen gemacht haben. Warum also wurde der Pharos nicht in die ersten Listen der Sieben Weltwunder aufgenommen, sondern erst in eine, die über dreihundert Jahre nach seiner Fertigstellung zusammengestellt wurde? Was machte ein Bauwerk zu einem Weltwunder? Christoph Höcker schreibt: „Als Weltwunder wurden in der Antike großartige menschliche Kulturleistungen, herausragend durch ihre technische Konstruktion und künstlerische Ausschmückung, bezeichnet".[25] Trotzdem wurde der Pharos lange Zeit nicht als Weltwunder geführt. Vielleicht lag es daran, dass der Turm in einer Zeit des Aufbruchs errichtet wurde, in der die Menschen sich ihrer technischen und geistigen Möglichkeiten bewusst waren. In einer Zeit, in der die griechische Kultur die gesamte damals bekannte Welt beeinflusste, betrachteten die Autoren der frühen Weltwunderlisten den Pharos vielleicht als Ausdruck des modernen Zeitgefühls. Dann wäre er nämlich kein Wunder gewesen, sondern das Ergebnis einer Pflicht. Nämlich das vorhandene geistige Potenzial zu bündeln, um der Welt den Weg zu weisen.

Der Pharos als Weltwunder wurde erst von dem römischen Historiker Plinius erwähnt. Plinius erlebte den Bau des Kolosseums in Rom, das Platz für 50000 Zuschauer bot und 79 n. Chr., im Jahr seines Todes, fast vollendet war. Der Bau des Kolosseums war eine architektonische und logistische Meisterleistung, vor deren Hintergrund sich womöglich die Frage erhob, wie etwas ähnliches, nämlich beim Bau des Leuchtturms von Alexandria, schon über drei Jahrhunderte früher möglich gewesen sein konnte. Aus dieser Perspektive wäre der Pharos dann tatsächlich als ein Wunder zu bezeichnen gewesen.

---

[23] S. Empereur, Alexandria, 125

[24] Michael Pfrommer, Alexandria, 1999, 13f

[25] Christoph Höcker, in: Der neue Pauly, Bd.12/2, 2002, 477

Rekonstruktion des Pharos nach Herrmann Thiersch, 1909